JRC 북스

지은이 JRC편집부 | 펴낸날 2010년 1월 11일 초판 1쇄 | 펴낸이 김효정 | 펴낸곳 JRC북스
기획 및 편집 최미진, 한지순 | 디자인 김은경, 진지화 | 영업 이민영
일러스트 김정아, 김하영 | 녹음 및 편집 박주영, 허아롬 | 성우 전숙경
플래시 플래시온에어 www.flash-onair.com, 이창섭 | 음반제작 예성미디어테크 | 인쇄 POD KOREA
주소 서울시 강남구 역삼동 822-4 제일빌딩 3층 | 전화 (02)567-3860 편집부 | 팩스 (02)567-2471
ISBN 978-89-92287-46-3 (14720)
978-89-92287-44-9 (14720) 세트

교재 활용법

『맛있는 이야기 한자』, 이렇게 활용하세요!

이야기 한자

이야기 한자

재미있는 이야기 속에 한자가 숨어있어요. 일부러 외우지 않아도 이야기를 듣다 보면 한자가 저절로 머리에 속에 기억된답니다.

활동

다양하고 재미있는 한자 놀이 학습을 통해 한자를 즐겁게 공부해요.

쓰기

앞에서 어떤 한자를 배웠는지 생각하며 획순에 맞춰 예쁘게 써보세요.

맛있는 2 이야기 한자

차례

7·8급 한자 73개 수록

1과

Flash

농부 아저씨 감사합니다

이야기를 잘 듣고 한자를 배워 보아요.

오늘은 우리가 먹는 食 쌀이 어떻게 만들어지는지 배웠어요.

평평한 平 땅에 씨앗을 뿌려, 자라면 논에 옮겨 심고

풀처럼 보이는 식물 物 에서 꽃 花 이 피면, 노란 벼 열매가 맺게 된대요.

농부 아저씨가 노란 벼를 탈곡하면,

우리가 맛있게 먹는 밥 食 을 지을 수 있는 쌀이 된답니다.

열심히 농 農 사를 지어 주시는 농 農 부 아저씨께

늘 감사하는 마음을 가져야 한다는 것을 느꼈어요.

밥/먹을 식

平
평평할 평

植
심을 식

物
물건 물

꽃 화

農
농사 농

한자 놀이

1 그림을 보고 알맞은 한자를 연결해 보세요.

① 

② 

③ 

④ 

食

平

物

植

2 다음 한자가 들어있는 단어를 모두 찾아 ○표를 해 보세요.

① 花

② 農

3 다음 한자를 보고 알맞은 뜻과 음에 ○표를 해 보세요.

物

한자 쓰기

한자를 순서에 맞게 예쁘게 써보세요.

밥/먹을 식

밥 또는 먹음을 뜻하며 식이라고 읽어요.

뚜껑과 다리가 있는 밥그릇 안에 음식이 들어 있는 모양을 본뜬 글자

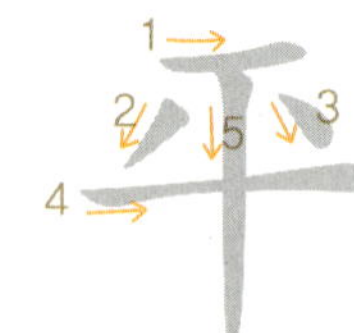

평평할 평

평평함을 뜻하며 평이라고 읽어요.

평평한 물 위에 뜬 배를 본떠 만든 글자

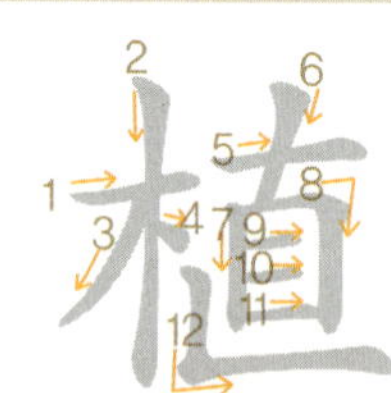

심을 식

심는 것을 뜻하며 식이라고 읽어요.

나무를 곧게 세운 모양을 본뜬 글자

物

물건 물

물건을 뜻하며 물이라고 읽어요.

제물로 바치기 위한 소를 뜻하는 글자

物 物 物 物

花

꽃 화

꽃을 뜻하며 화라고 읽어요.

나무에 핀 꽃을 뜻하는 글자

花 花 花 花

農

농사 농

농사를 뜻하며 농이라고 읽어요.

농기구로 밭을 간다는 뜻의 글자

農 農 農 農

깃발로 방향을 표시해요

이야기를 잘 듣고 한자를 배워 보아요.

옛날 옛날에 길이 꼬불꼬불하게 나 있는 마을村이 있었대요.
그래서 처음 오는 사람들은 항상 길을 잃고 헤맸답니다.
어느 날 집 안에 있는 등잔불을 관리하던 한 집주인主이
한가지로 같은同 것이 아닌不 깃발旗을 세워,
마을 길의 방향方을 표시했어요.
그 후로는 알록달록 예쁜 깃발 덕분에
모두들 길을 잘 찾아 갔다고 합니다.

村 마을 촌

主 주인 주

同 한가지 동

不 아니 불

旗 깃발 기

方 방향 방

한자 놀이

1 그림을 보고 숨어있는 6개의 한자를 찾아 ○표를 해 보세요.

村 主 不 方 旗 同

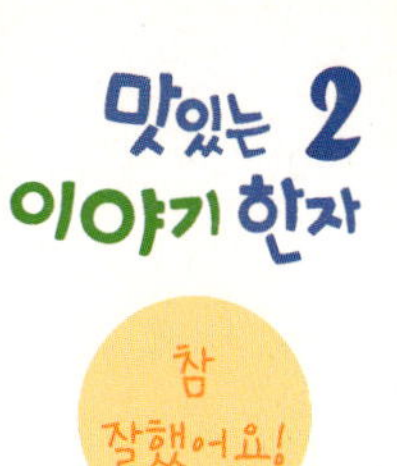

2 한자와 알맞은 훈음을 찾아 ◯표를 해 보세요.

旗	마을 촌	村	한가지 동
깃발 기	不	깃발 기	同
方	주인 주	方	방향 방
마을 촌	主	아니 불	不

3 보기 의 뜻과 음을 보고 알맞은 한자를 찾아 ◯표를 해 보세요.

① 同 ☐ ② 洞 ☐ ③ 回 ☐

한자 쓰기

한자를 순서에 맞게 예쁘게 써보세요.

마을 촌

마을을 뜻하며 촌이라고 읽어요.

마을 어귀마다 큰 나무가 있는 모습을 뜻한 한자

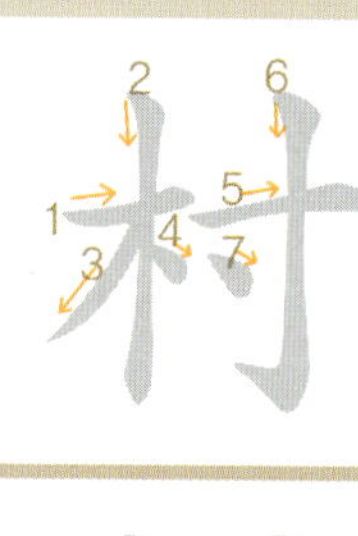

주인 주

주인을 뜻하며 주라고 읽어요.

촛대 위의 촛불 모양을 본뜬 글자

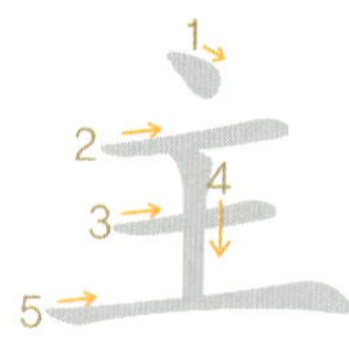

한가지 동

한가지(같음)를 뜻하며 동이라고 읽어요.

여러 사람의 말이 하나로 모아짐을 나타낸 한자

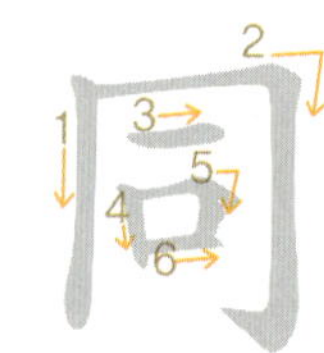

참 잘했어요!

아니 불 아님(부정)을 뜻하며 불이라고 읽어요.

새가 날아오르는 모습을 본뜬 글자

不	不
不	不

旗

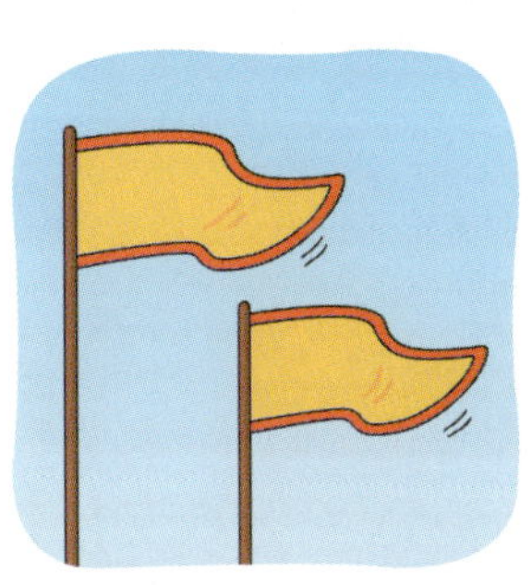

깃발 기 깃발을 뜻하며 기라고 읽어요.

펄럭이는 깃발의 모양을 본뜬 글자

旗	旗
旗	旗

방향 방 방향을 뜻하며 방이라고 읽어요.

네모난 깃발의 모양을 본뜬 한자

方	方
方	方

요정아, 도와줘!

이야기를 잘 듣고 한자를 배워 보아요.

시간이 흘러 문틈 사이間로 해가 떠올라 일어날 때時가 되었어요.
낮午부터 쌀을 절구에 놓고 빻았지만,
반달 모양의 달이 뜨는 저녁夕이 될 때까지 일을 다 하지 못했어요.
바로 그때, 번개電가 치고, 물이 바위에 부딪치며
물결이 살아活 움직이는 것처럼 힘차게 흐르더니,
요정이 나타나 도와 주어서 일을 모두 끝냈답니다.

사이 간

時
때 시

午
낮 오

夕
저녁 석

번개 전

活
살 활

한자 놀이

1 사다리를 타고 내려가 알맞은 한자 스티커를 붙여 보세요.

번개 전

때 시

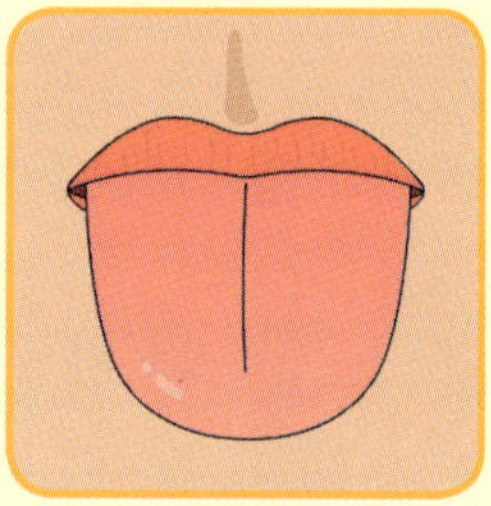

살 활

저녁 석

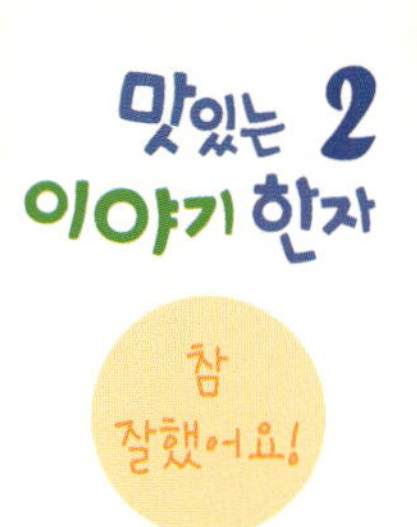

2 보기의 뜻과 음을 보고 알맞은 한자를 찾아 ◯표를 해 보세요.

① 問 ☐　② 聞 ☐　③ 間 ☐

3 다음 한자를 보고 알맞은 뜻과 음에 ◯표를 해 보세요.

한자 쓰기

한자를 순서에 맞게 예쁘게 써보세요.

間

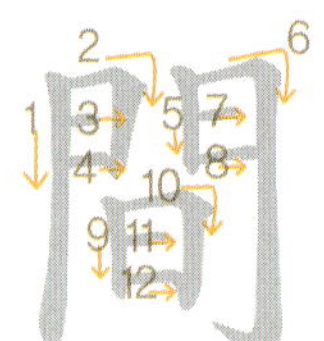

사이 간

사이를 뜻하며 간이라고 읽어요.

문 사이로 햇빛이 비치는 모습을 나타낸 한자

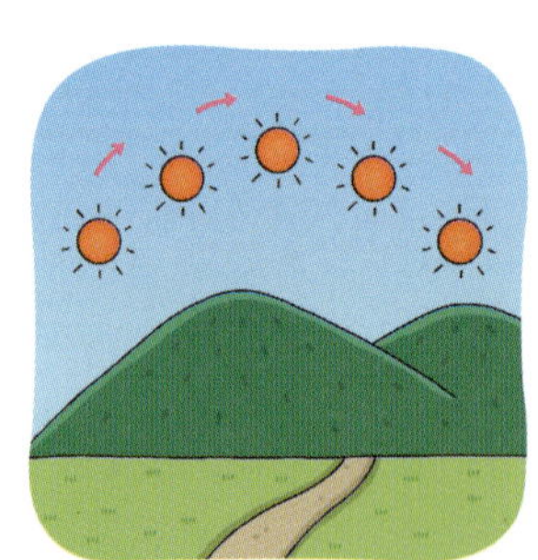

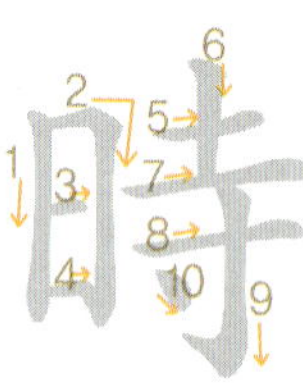

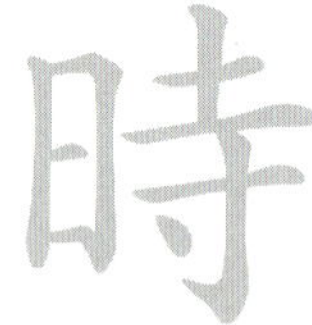

때 시

때를 뜻하며 시라고 읽어요.

해가 움직이는 시간을 뜻하는 한자

午

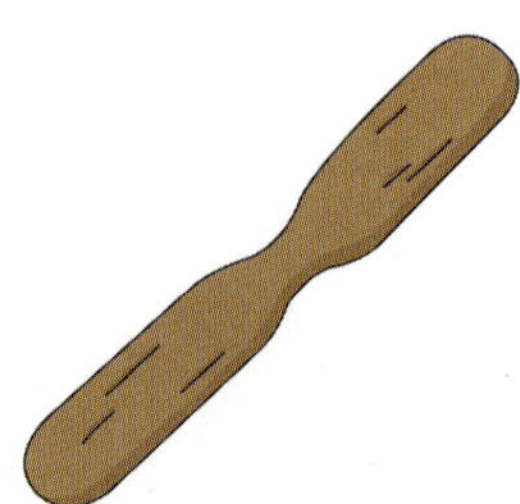

낮 오

낮을 뜻하며 오라고 읽어요.

절구공이를 본뜬 글자

참 잘했어요!

저녁 석

저녁을 뜻하며 석이라고 읽어요.

초저녁 달이 뜬 모습을 본뜬 글자

夕 夕 夕 夕

번개 전

번개를 뜻하며 전이라고 읽어요.

비오는 날에 번개를 본뜬 글자

電 電 電 電

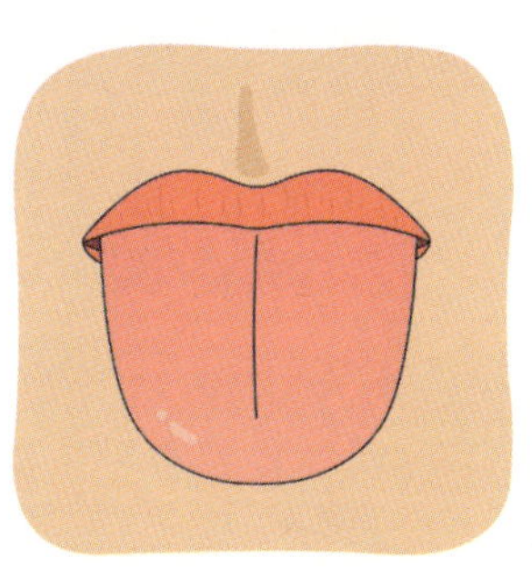

살 활

살아있음을 뜻하며 활이라고 읽어요.

살아 있는 사람의 촉촉한 혀의 모습을 본뜬 글자

活 活 活 活

자연은 정말 소중해요

이야기를 잘 듣고 한자를 배워 보아요.

선생님께서 말씀하시길
사람들에게 많은 도움을 주는 자연은
스스로 自 조용히 자신의 일을 하면서 변화한다고 그러셨어요 然.
높은 곳의 하늘 天과 구불구불 이어지는 땅 地,
졸졸 흐르는 시냇물 川, 그리고 그 물이 모여서
예쁜 파란 색色의 바다海가 있는 자연은 정말 소중해요.

스스로 자

然
그럴 연

天
하늘 천

地
땅 지

川
내 천

빛 색

바다 해

한자 놀이

1 다음 한자의 알맞은 뜻과 음을 찾아 연결해 보세요.

	한자	뜻	음
①	川	내	연
②	然	그럴	천
③	色	스스로	색
④	自	빛	자

2 보기의 뜻과 음을 보고 알맞은 한자를 찾아 ◯표를 해 보세요.

① 每 ☐　② 母 ☐　③ 海 ☐

3 그림을 보고 땅 위에 있으면 地, 하늘에 있으면 天 스티커를 붙여 보세요.

한자 쓰기

한자를 순서에 맞게 예쁘게 써보세요.

스스로 자

스스로를 뜻하며 자라고 읽어요.

나를 말할 때 손으로 자신의 코를 가리키는 모습을 본뜬 글자

그럴 연

그러하다를 뜻하며 연이라고 읽어요.

고기를 불에 굽는다는 의미로 만든 한자

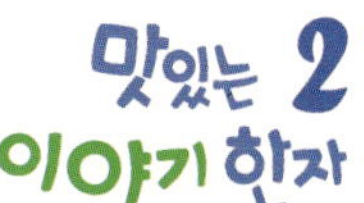

참 잘했어요!

하늘 천

하늘을 뜻하며 천이라고 읽어요.
사람이 하늘 아래 팔을 벌린 모습을 본뜬 글자

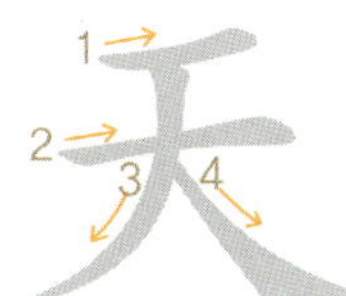

땅 지

땅을 뜻하며 지라고 읽어요.
겨울잠을 자던 뱀이 땅을 뚫고 나오는 모습을 본뜬 글자

한자 쓰기

한자를 순서에 맞게 예쁘게 써보세요.

川

내 천

내(강보다 작은 물줄기)를 뜻하며
천이라고 읽어요.
물이 흐르는 모습을 본뜬 글자

川	川
川	川

빛 색

빛을 뜻하며 색이라고 읽어요.
사랑하는 두 사람의 모습을 본뜬 글자

色	色
色	色

바다 해

바다를 뜻하며 해라고 읽어요.
깊고 어두운 바다를 본뜬 글자

海	海
海	海

참 잘했어요!

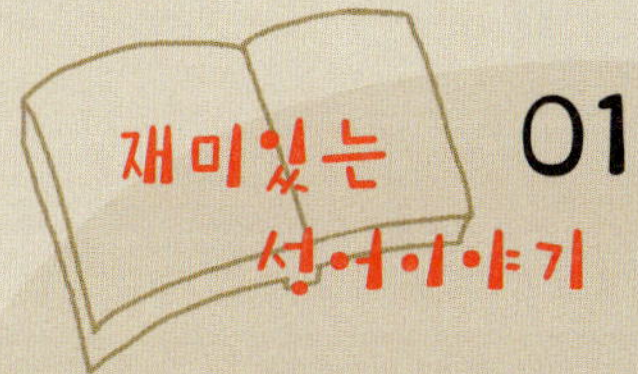

01

塞翁之馬

변방 **새** 늙은이 **옹** 갈 **지** 말 **마**

변방에 사는 노인의 말

인간의 길흉화복은 예측할 수 없다는 뜻

중국 변방에 한 늙은이가 기르던 말이 국경을 넘어 다른 곳으로 도망가 버렸어요.
동네 사람들이 이를 보고 위로하자 늙은이는 태연하게 말했어요.

"이것이 또 무슨 복이 될지 알겠소?"

몇 달 후 뜻밖에도 도망갔던 말이 좋은 말을 한 필 끌고 돌아오자
이를 보고 마을 사람들이 축하해주었어요.
그러나 늙은이는 기뻐하지 않고 말했어요.

"그것이 또 무슨 화가 될지 누가 알겠소?"

전부터 말 타기를 좋아하던 늙은이의 아들이
좋은 말을 타고 달리다가 말에서 떨어져 다리가 부러졌어요.
마을 사람들이 위로하자 늙은이는 태연하게 말했어요.

"그것이 또 무슨 복이 될지 누가 알겠소?"

얼마 후 전쟁이 일어나 장정들이 모두 싸움터에 나가 전사하였는데,
늙은이의 아들은 다리가 부러졌기 때문에
전쟁에 나가지 않아서 무사할 수 있었답니다.

나무를 조각하는 유명한 장인

이야기를 잘 듣고 한자를 배워 보아요.

저 쪽 길道에서 수레車 한 가득 물건을 넣고 팔면서 누군가 오고 있어요.

수레 안에는 나무 인형, 나무 의자 등의 물건들이

모두 온전한全 상태로 있고, 정말 예뻐요.

특히, 나무 의자가 맘에 들어요.

직접 앉아 보니 편안하고安, 튼튼해서 안전해요.

아저씨는 햇살이 비치는 넓은 마당場이 있는 공장에서

나무를 조각하는 유명한 장인工이랍니다.

길 도

수레 차/거

온전 전

편안할 안

마당 장

장인 공

한자 놀이

1 그림을 보고 알맞은 한자를 연결해 보세요.

①  車

②  道

③  場

④  安

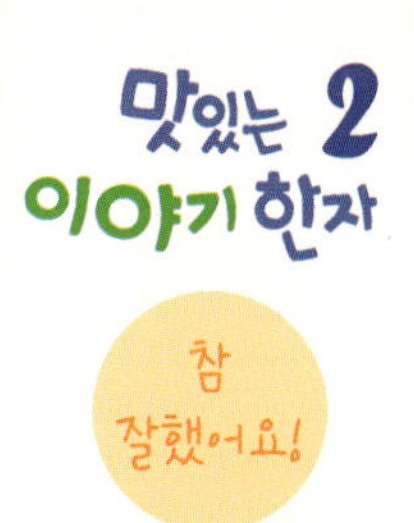

2 보기의 뜻과 음을 보고 알맞은 한자를 찾아 ◯표를 해 보세요.

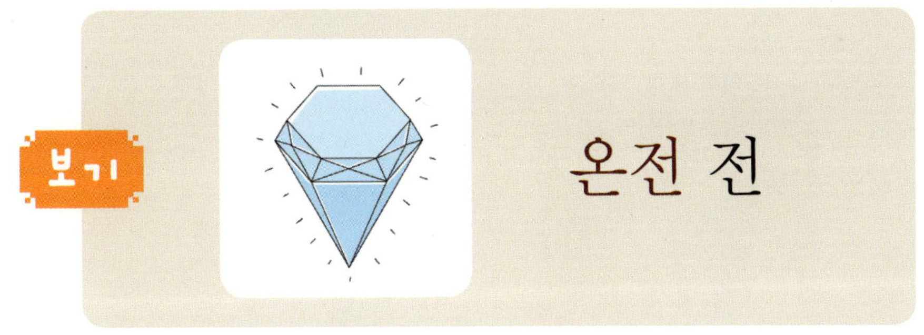

① 全 ☐ ② 合 ☐ ③ 企 ☐

3 다음 한자를 보고 알맞은 뜻과 음에 ◯표를 해 보세요.

① 工

길 공 ☐ 수레 차 ☐ 장인 공 ☐

② 場

마당 도 ☐ 안전 전 ☐ 마당 장 ☐

한자 쓰기

한자를 순서에 맞게 예쁘게 써보세요.

길 도

길을 뜻하며 도라고 읽어요.

사람이 어딘가로 가는 모습을 본뜬 글자

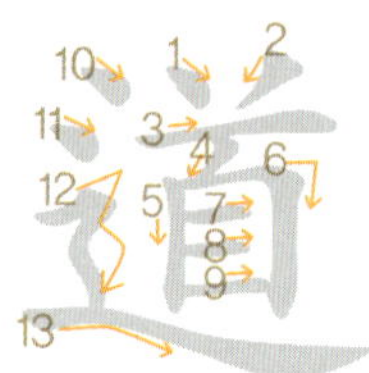

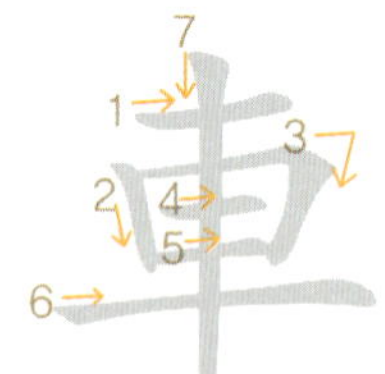

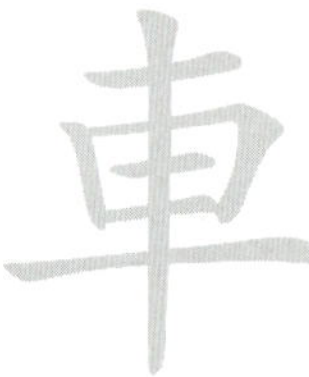

수레 차/거

수레를 뜻하며 차 또는 거라고 읽어요.

수레의 바퀴 부분을 본뜬 글자

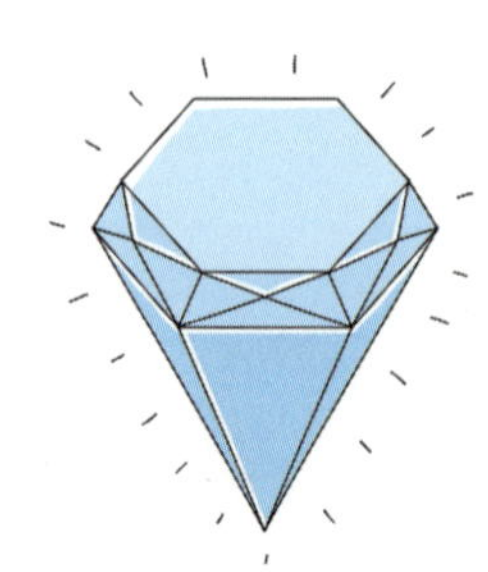

온전 전

온전함을 뜻하며 전이라고 읽어요.

사물이 온전한 모습을 본뜬 한자

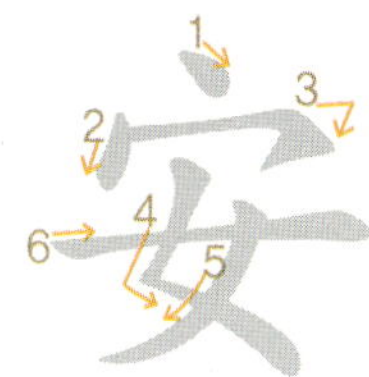

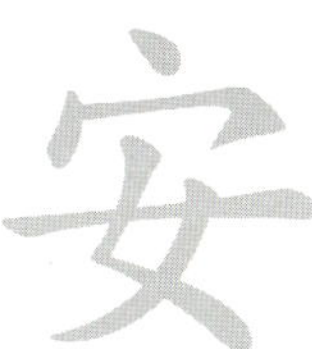

편안함을 뜻하며 안이라고 읽어요.

집 안에 여자가 편안히 앉아 있는 모습을 본뜬 글자

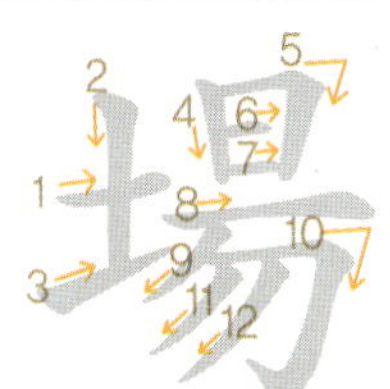

마당 장

마당을 뜻하며 장이라고 읽어요.

떠오르는 태양을 보고 제사 지내는 넓은 공터를 본뜬 한자

工

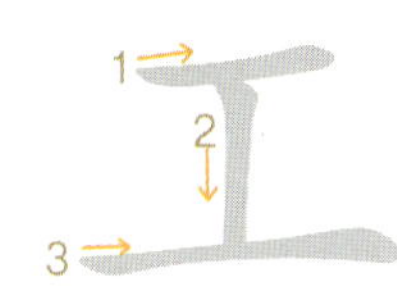

장인 공

장인을 뜻하며 공이라고 읽어요.

흙을 빚는 장인의 모습을 본뜬 글자

아낌없이 주는 나무

이야기를 잘 듣고 한자를 배워 보아요.

봄 春 이 되어 나무에 새싹이 자라났어요.

무더운 여름 夏 새싹이 무럭무럭 자랄 수 있도록

시원한 비를 내려달라고 빌었답니다.

가을 秋 에는 붉게 물든 나뭇잎 사이로 주렁주렁 열매가 열려요.

추운 겨울 冬 이 되자 앙상한 나뭇가지만 남은 나무에게

따뜻하게 겨울을 보내라고 볏짚을 감아 주었어요.

봄, 여름, 가을, 겨울 왔다 來 갔다 오가며 커다란 나무로 자라서

강물 江 처럼 시원한 그늘을 만들어 준답니다.

봄 춘

夏

여름 하

가을 추

겨울 동

올 래

물 강

한자 놀이

1 江이 있는 칸을 찾아 예쁘게 색칠해 보세요. 무엇이 있나요?

冬
夏
來
秋
夏
江
春
江
江
春
江
江
秋
江
江
江
夏
冬
冬

2 보기의 뜻과 음을 보고 알맞은 한자를 찾아 ○표를 해 보세요.

① 卒 ☐ ② 本 ☐ ③ 來 ☐

3 그림을 보고 알맞은 한자 스티커를 붙여 보세요.

한자 쓰기

한자를 순서에 맞게 예쁘게 써보세요.

봄 춘

봄을 뜻하며 춘이라고 읽어요.
햇빛을 받아 싹이 트는 모습을 본뜬 글자

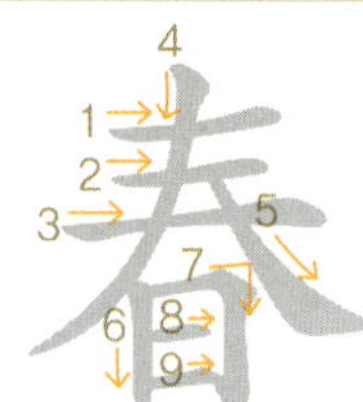

여름 하

여름을 뜻하며 하라고 읽어요.
더운 날 머리와 발을 드러낸 모습을 본뜬 글자

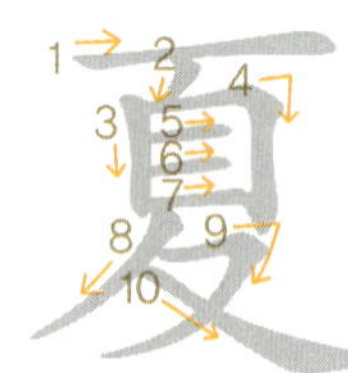

가을 추

가을을 뜻하며 추라고 읽어요.
벼가 붉게 물든 모습을 본뜬 글자

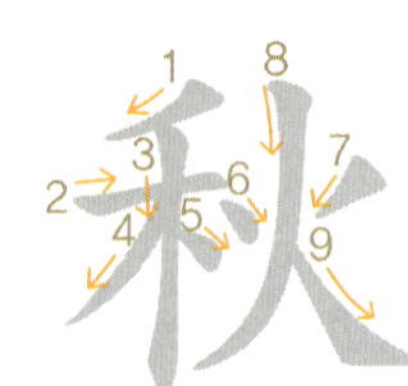

겨울 동

겨울을 뜻하며 동이라고 읽어요.

얼음이 얼어있는 모습을 본뜬 글자

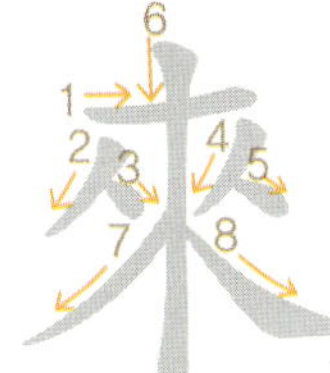

올 래

오는 것을 뜻하며 래라고 읽어요.

보리의 모양을 본뜬 글자

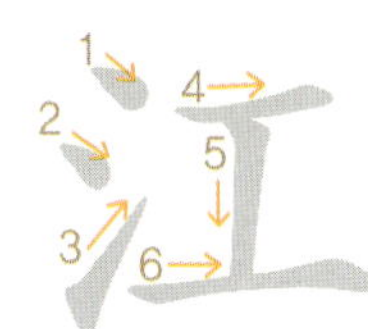

물 강

강물을 뜻하며 강이라고 읽어요.

중국의 양쯔강을 본뜬 글자

7과
Flash
산수는 정말 즐거워요
백, 이백, 삼백 … 천!
100
100
100
100
100

이야기를 잘 듣고 한자를 배워 보아요.

숫자놀이를 해요. 깃발 한 개에 백 百 이라는 숫자가 적혀있네요.
깃발 열 개가 모이면 어떤 숫자가 되는지
아빠, 엄마와 함께 세어 算 보아요.
100, 200, 300 … 세어 가며 기록 記 을 해 보니,
천 千 이라는 숫자가 되었어요.
아빠, 엄마와 함께 숫자를 셈하는 數 산수는 정말 즐거워요.
아빠와 엄마가 이렇게 산수도 가르쳐 주시고,
정성스럽게 우리들을 길러 育 주셔서 정말 감사해요.

일백 백

算
셀 산

記
기록할 기

일천 천

셈 수

기를 육

한자 놀이

1 그림을 보고 숨어있는 6개의 한자를 찾아 ◯표를 해 보세요.

백, 이백, 삼백 … 천!

算 百 千 育 數 記

100

참 잘했어요!

2 그림을 보고 알맞은 뜻과 한자를 연결해 보세요.

① 

② 

③ 

記	育	數
기록할 기	기를 육	셈 수

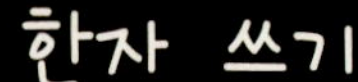

한자를 순서에 맞게 예쁘게 써보세요.

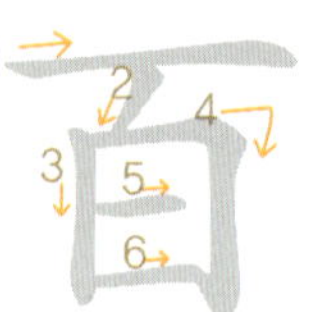

일백 백

일백을 뜻하며 백이라고 읽어요.

숫자 100을 뜻하는 글자

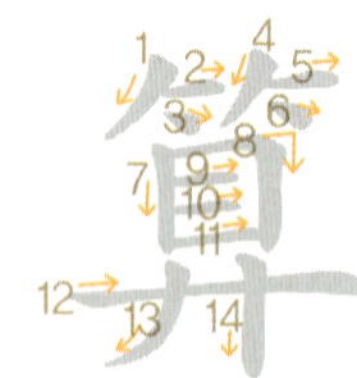

셀 산

셈함을 뜻하며 산이라고 읽어요.

손에 대나무로 만든 계산판을 들고 계산하는 모습을 본뜬 글자

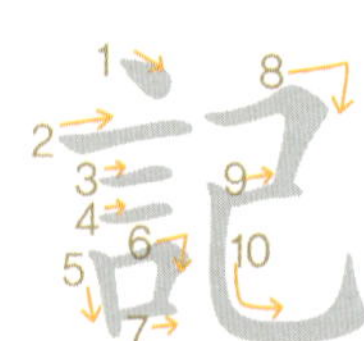

기록할 기

기록함을 뜻하며 기라고 읽어요.

말을 가다듬어 놓는다는 뜻의 글자

참 잘했어요!

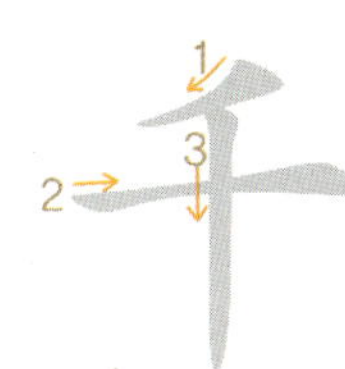

일천 천

일천을 뜻하며 천이라고 읽어요.

숫자 1,000을 뜻하는 글자

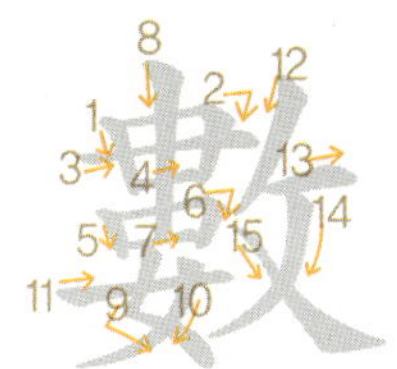

셈 수

셈을 뜻하며 수라고 읽어요.

손에 막대를 쥐고 계산하는 뜻의 글자

기를 육

기르다라는 뜻으로 육이라고 읽어요.

엄마가 아이를 낳는 모양을 본뜬 글자

세상에서 살기 좋은 곳

이야기를 잘 듣고 한자를 배워 보아요.

이른 아침 햇살을 받고 자란 풀 草 들과

한 그루, 두 그루 나무들이 모여 아름다운 숲 林 이 만들어졌어요.

그 곳에서 논에 구덩이를 파고 빈 空 곳에 씨를 뿌려 농사를 짓고,

쌀로 밥을 만들어 먹으면 기운 氣 이 나요.

공기 좋고, 물 좋은 이 곳은 남자, 여자, 나이 많으신 노인,

나이가 적은 少 어린아이들 모두모두 행복하게 살 수 있어요.

시간이 흘러도 변하지 않는 세상 世 에서 가장 살기 좋은 곳이랍니다.

풀 초

林

수풀 림

빌 공

기운 기

적을 소

세상 세

한자 놀이

1 다음 한자의 알맞은 뜻과 음을 찾아 연결해 보세요.

	한자	뜻	음
①	少	기운	소
②	氣	적을	기
③	空	풀	공
④	草	빌	초

2 한자와 알맞은 훈음을 찾아 ○표를 해 보세요.

氣	빌 공	空	수풀 림
세상 세	世	풀 초	林
氣	빌 공	少	적을 소
기운 기	草	풀 초	空

3 보기의 뜻과 음을 보고 알맞은 한자를 찾아 ○표를 해 보세요.

① 木 ② 森 ③ 林

한자 쓰기

한자를 순서에 맞게 예쁘게 써보세요.

풀 초

풀을 뜻하며 초라고 읽어요.

풀 모양을 본뜬 글자

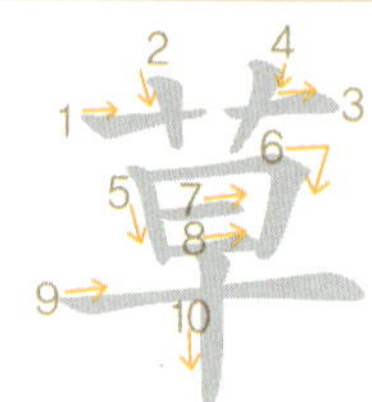

수풀 림

수풀을 뜻하며 림이라고 읽어요.

나무에 또 나무를 더하여
나무가 많은 숲속을 나타낸 글자

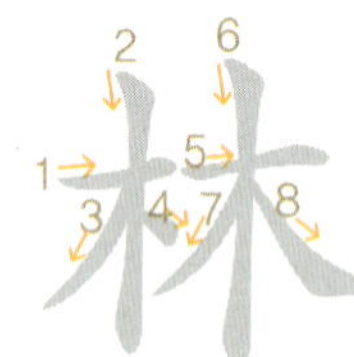

空

빌 공

비어있음을 뜻하며 공이라고 읽어요.

공구로 구멍을 파내어 비어있는 모습을 본뜬 글자

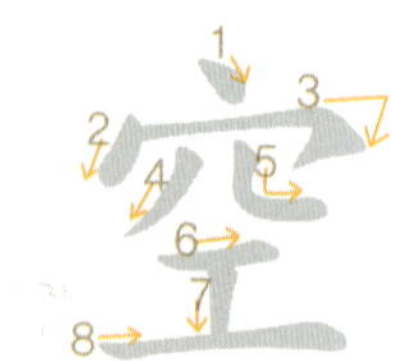

空 空 空

참 잘했어요!

기운 기

기운을 뜻하며 기라고 읽어요.

뭉게뭉게 피어 오르는 구름의 모양을 본뜬 모양

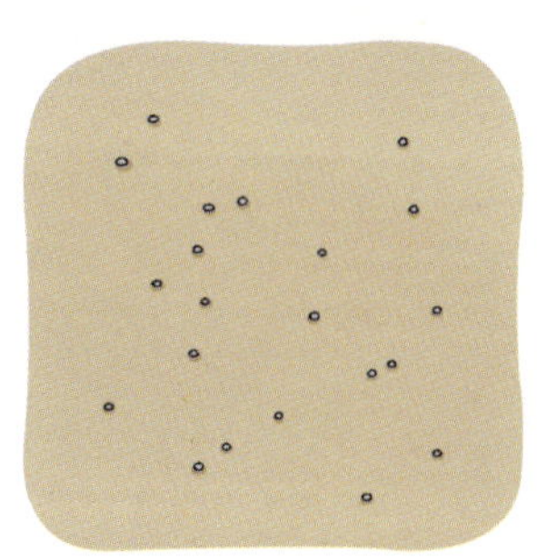

적을 소

적음을 뜻하며 소라고 읽어요.

크기가 작은 알갱이를 본뜬 글자

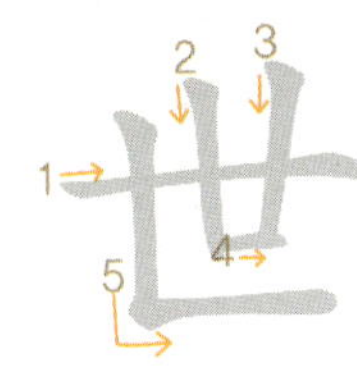

세상 세

세상을 뜻하며 세라고 읽어요.

가지에서 새로 자라난 가지를 표시하여
하나의 세대를 나타낸 글자

9과
Flash
케이크를 만들어요

이야기를 잘 듣고 한자를 배워 보아요.

오늘은 제 친구와 함께 케이크를 만들어 먹을 거예요.
하하 호호 입口을 크게 벌리고 즐겁게 웃는
제 친구는 얼굴面도 예쁘고, 마음心도 예쁜 착한 친구랍니다.
완성된 케이크와 과자를 함께 먹었어요.

"아이고, 내 목숨命 살려줘."

너무 많이 먹어 배가 부르지만,
맛이 있어 힘力이 나고 즐거운 시간이었어요.

입 구

얼굴 면

마음 심

목숨 명

힘 력

한자 놀이

1 다음 한자의 알맞은 뜻과 음을 찾아 연결해 보세요.

	한자	뜻	음
①	面	목숨	명
②	口	얼굴	면
③	命	마음	구
④	心	입	심

2 그림을 보고 알맞은 한자 스티커를 붙여 보세요.

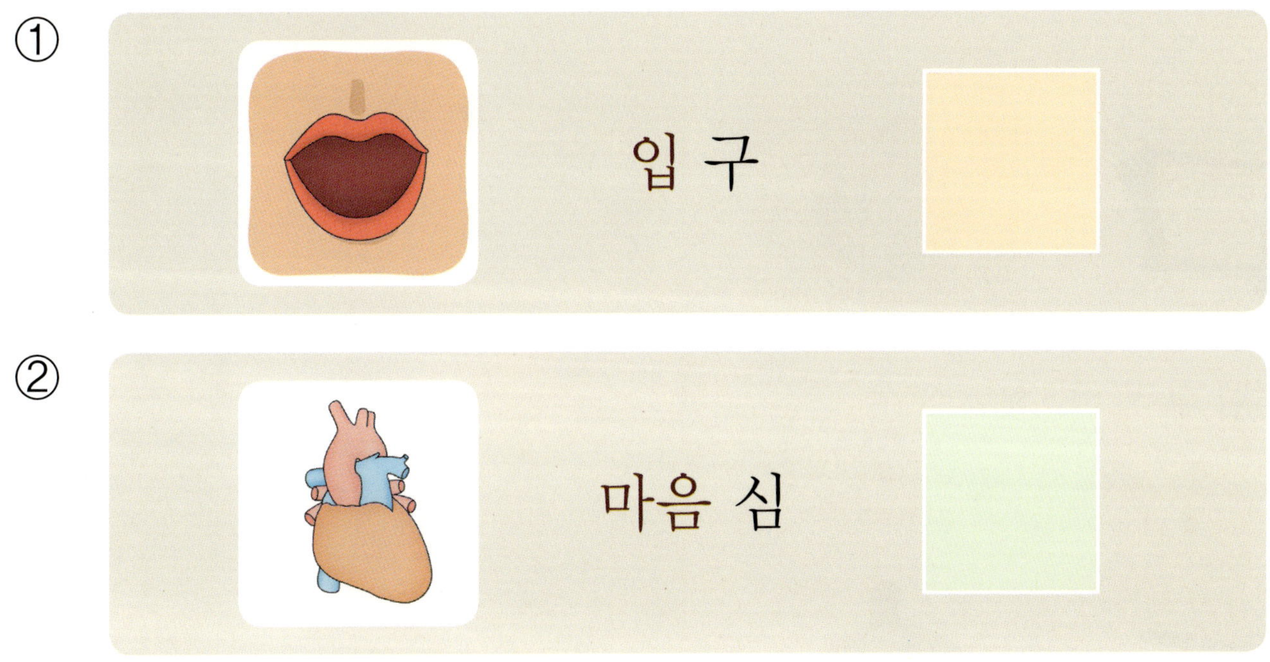

3 보기의 뜻과 음을 보고 알맞은 한자를 찾아 ○표를 해 보세요.

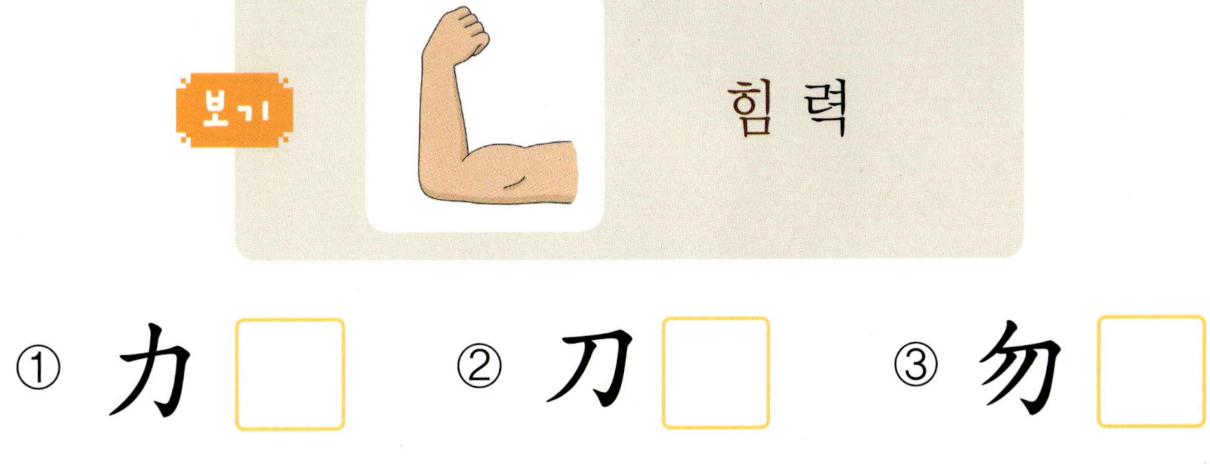

① 力 ② 刀 ③ 勿

한자 쓰기

한자를 순서에 맞게 예쁘게 써보세요.

입 구

입을 뜻하며 구라고 읽어요.
사람의 입의 모양을 본뜬 글자

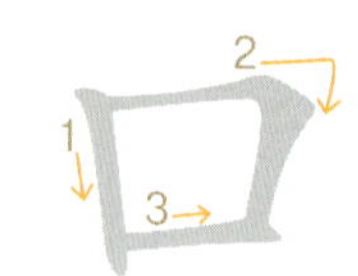

얼굴 면

얼굴을 뜻하며 면이라고 읽어요.
사람의 얼굴 윤곽선을 본뜬 글자

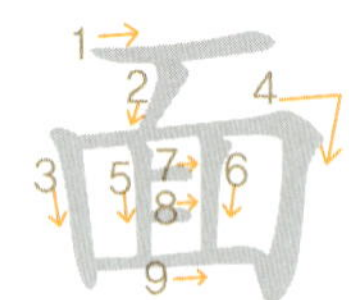

마음 심

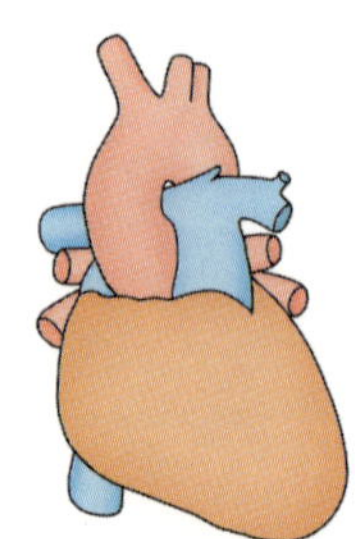

마음을 뜻하며 심이라고 읽어요.
사람의 심장 모양을 본뜬 글자

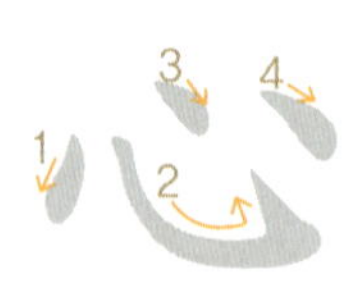

참 잘했어요!

命
목숨 명
목숨을 뜻하며 명이라고 읽어요.
무릎을 꿇고 왕의 말을 듣는
신하의 모습을 본뜬 글자

力
힘 력
힘을 뜻하며 력이라고 읽어요.
힘센 팔의 모습을 본뜬 글자

술래잡기 놀이를 해요

이야기를 잘 듣고 한자를 배워 보아요.

즐겁게 춤을 추다가 그대로 멈춰라~!

친구들 모두 즐겁게 몸을 움직여動 춤을 추고,

신나게 노래歌를 부르다가 그대로 멈춰 서요 立!

다시 춤을 추고, 노래를 부르며 방을 나갔다가 出 다시 들어오다가 入

그대로 멈춰 서요!

또 다시 춤을 추고, 노래를 부르며

소파 위를 올라가려는데 登, 술래에게 걸렸어요.

제가 술래가 되었지만, 정말 즐거워요!

動
움직일 동

歌
노래 가

立
설 립

出
나가다 출

入
들 입

登
오를 등

한자 놀이

1 다음 뜻과 음에 맞는 한자가 되도록 연결해 보세요.

움직일 동	노래 가	설 립
重	哥	亠
欠	丷	力

참 잘했어요!

2 보기의 뜻과 음을 보고 알맞은 한자를 찾아 ○표를 해 보세요.

① 山 ② 出 ③ 寺

3 다음 한자를 보고 알맞은 뜻과 음에 ○표를 해 보세요.

한자 쓰기

한자를 순서에 맞게 예쁘게 써보세요.

動

움직일 동

움직임을 뜻하며 동이라고 읽어요.
무거운 것에 힘을 주어 움직이게 하는 모습을 본뜬 글자

노래 가

노래를 뜻하며 가라고 읽어요.
입을 크게 벌려 노래하는 모습을 본뜬 글자

立

설 립

서있는 것을 뜻하며 립이라고 읽어요.
두 발을 땅에 대고 서 있는 사람의 모습을 본뜬 글자

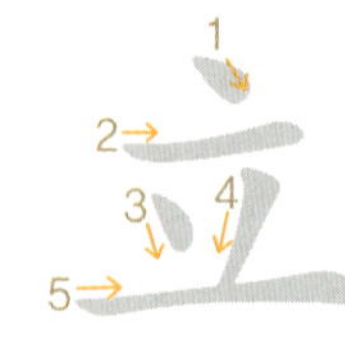

나가다 출

나감을 뜻하며 출이라고 읽어요.
어떤 장소에 한 발이 나가는 모양을 본뜬 글자

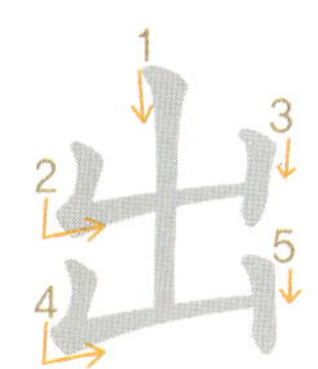

들 입

들어감을 뜻하며 입이라고 읽어요.
사람이 움집으로 들어가는 모습을 본뜬 글자

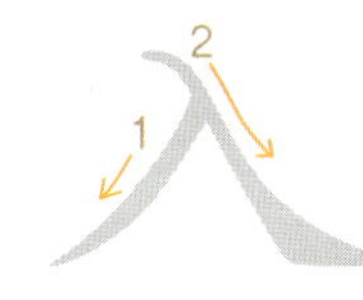

오를 등

오름을 뜻하며 등이라고 읽어요.
발을 들어 올려 제사에 쓸 그릇을 높은 곳에 올려 놓는 모습을 본뜬 글자

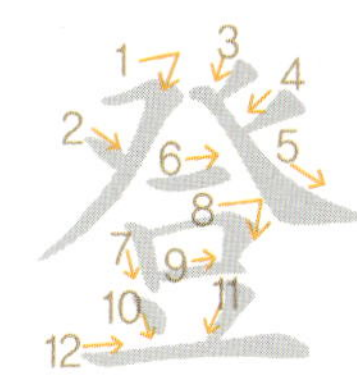

신나는 점심시간이에요

이야기를 잘 듣고 한자를 배워 보아요.

신나는 점심시간이에요.

맛있는 점심을 먹고, 운동장에 나가

미끄럼틀 위 上에 올라가서 아래 下로 내려오며 놀기도 하고,

왼쪽 左 오른쪽 右 공을 차며 놀기도 한답니다.

수업시작 종이 울려요.

앞 前에 있는 수도에서 씻고 가려는데,

다리가 짧은 제 친구는 천천히 뒤 後에 오고 있어요.

함께 기다렸다가 교실 안 內으로 들어간답니다.

上 위 상	下 아래 하	左 왼쪽 좌	右 오른쪽 우
前 앞 전	後 뒤 후	內 안 내	

한자 놀이

1 그림을 보고 숨어있는 7개의 한자를 찾아 ○표를 해 보세요.

內

上

後

左

右

下

前

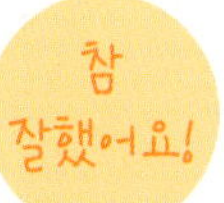

2 보기 의 뜻과 음을 보고 알맞은 한자를 찾아 ○표를 해 보세요.

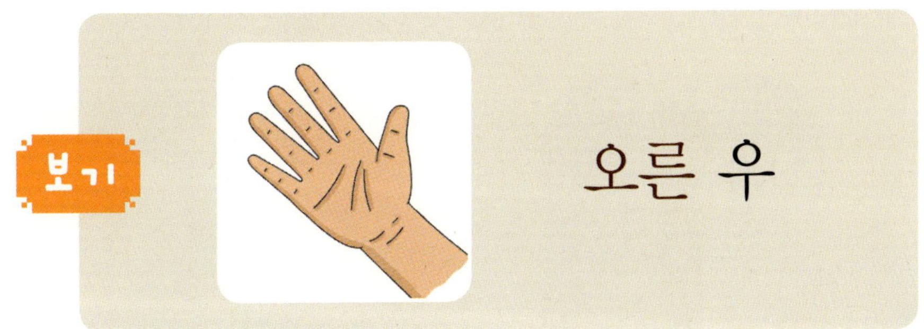

① 左 ☐　② 石 ☐　③ 右 ☐

3 그림을 보고 땅 위에 살면 上, 아래 살면 下 스티커를 붙여 보세요.

한자 쓰기

한자를 순서에 맞게 예쁘게 써보세요.

上

위 상

위를 뜻하며 상이라고 읽어요.

땅 위에 사람이 서있는 옆모습을 본뜬 글자

下

아래 하

아래를 뜻하며 하라고 읽어요.

하늘 아래 사람이 서있는 옆모습을 본뜬 글자

左

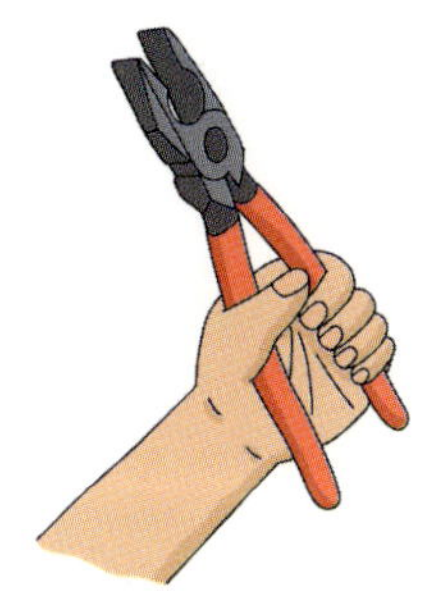

왼쪽 좌

왼쪽을 뜻하며 좌라고 읽어요.
공구를 쥔 왼손의 모양을 본뜬 글자

左 左 左 左

右

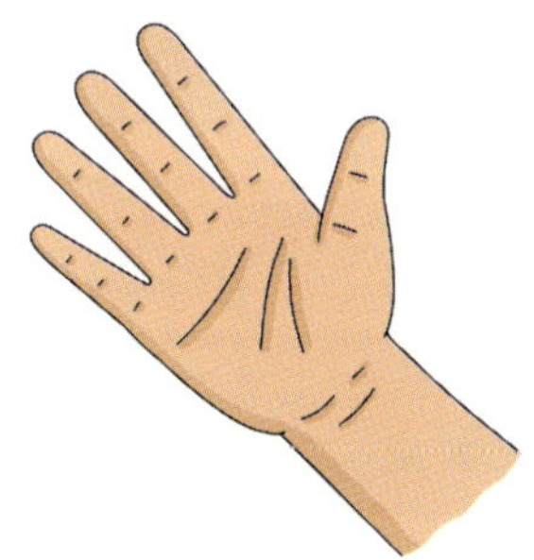

오른쪽 우

오른쪽을 뜻하며 우라고 읽어요.
오른손의 모양을 본뜬 글자

右 右 右 右

한자 쓰기

한자를 순서에 맞게 예쁘게 써보세요.

前

앞 전

앞을 뜻하며 전이라고 읽어요.

배가 물길을 거슬러 앞으로 나아가는 모습을 나타낸 글자

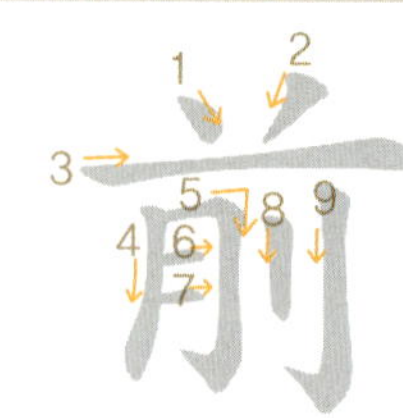

後

뒤 후

뒤를 뜻하며 후라고 읽어요.

종종걸음으로 천천히 뒤처져 걸어가는 모양을 본뜬 글자

内

안 내

안쪽을 뜻하며 내라고 읽어요.

어떤 장소 안으로 들어감을 뜻하는 글자

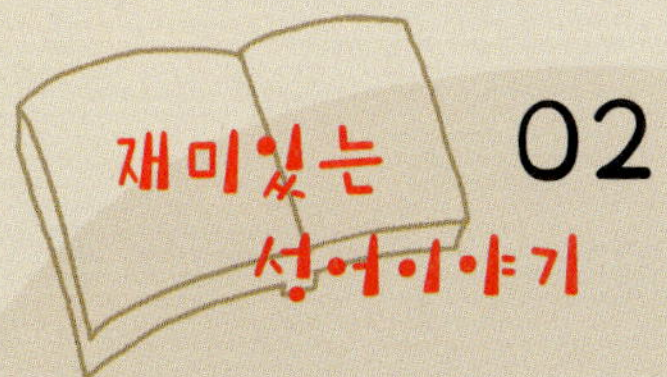

寓公移山

어리석을 **우** 공평할 **공** 옮길 **이** 산 **산**

우공이 산을 옮긴다

꾸준하게 한 가지 일을 열심히 하면 큰 일을 이룰 수 있다는 뜻

우공이라는 90세 노인은 큰 산이 집 앞뒤를 가로막고 있어 이웃과 왕래하기가 힘들었대요.

그래서 어느 날, 가족을 모아 놓고 이렇게 물었어요.

"나는 너희들과 저 두 산을 깎아 없애고, 남쪽까지 곧장 길을 내고 싶은데 너희들 생각은 어떠하냐?"

모두 찬성했으나 그의 아내만은 무리라며 반대했어요.

그러나 우공은 이튿날부터 세 아들과 손자들을 데리고 돌을 깨고 흙을 파서 산을 옮기기 시작했어요. [寓公移山]

어느 날 이웃 사람이 그런 우공을 보고 비웃자 우공이 태연히 말했어요.

"내가 죽으면 아들이 하고, 아들은 또 손자를 낳고, 손자는 또 아들을…… 이렇게 자자손손 계속하면 언젠가는 저 두 산이 평평해질 날이 오겠지."

이 말을 들은 옥황상제는 우공의 끈기에 감동해 우공 집을 가로막고 있던 두 산을 다른 땅에 옮겨 놓아 주었다고 합니다.

착한 젊은이

이야기를 잘 듣고 한자를 배워 보아요.

무거운 重 짐을 등에 지고 늙으신 노인이 길을 걷고 있어요.

지나가던 착한 젊은이는 짐을 들어 드리며 대화話를 나누어요.

재미있게 이야기를 나누며 가다 보니,

어느덧 저녁이 되어 노인의 집에 도착을 했어요.

노인은 너무 고마워 젊은이에게 성姓과 이름名을 묻고問,

젊은이는 대답答을 했어요.

노인은 젊은이에게 맛있는 저녁을 대접해 주었답니다.

무거울 중

話
말씀 화

姓
성 성

名
이름 명

물을 문

答
대답 답

한자 놀이

1 한자의 알맞은 뜻과 음을 찾아 미로를 통과해 보세요.

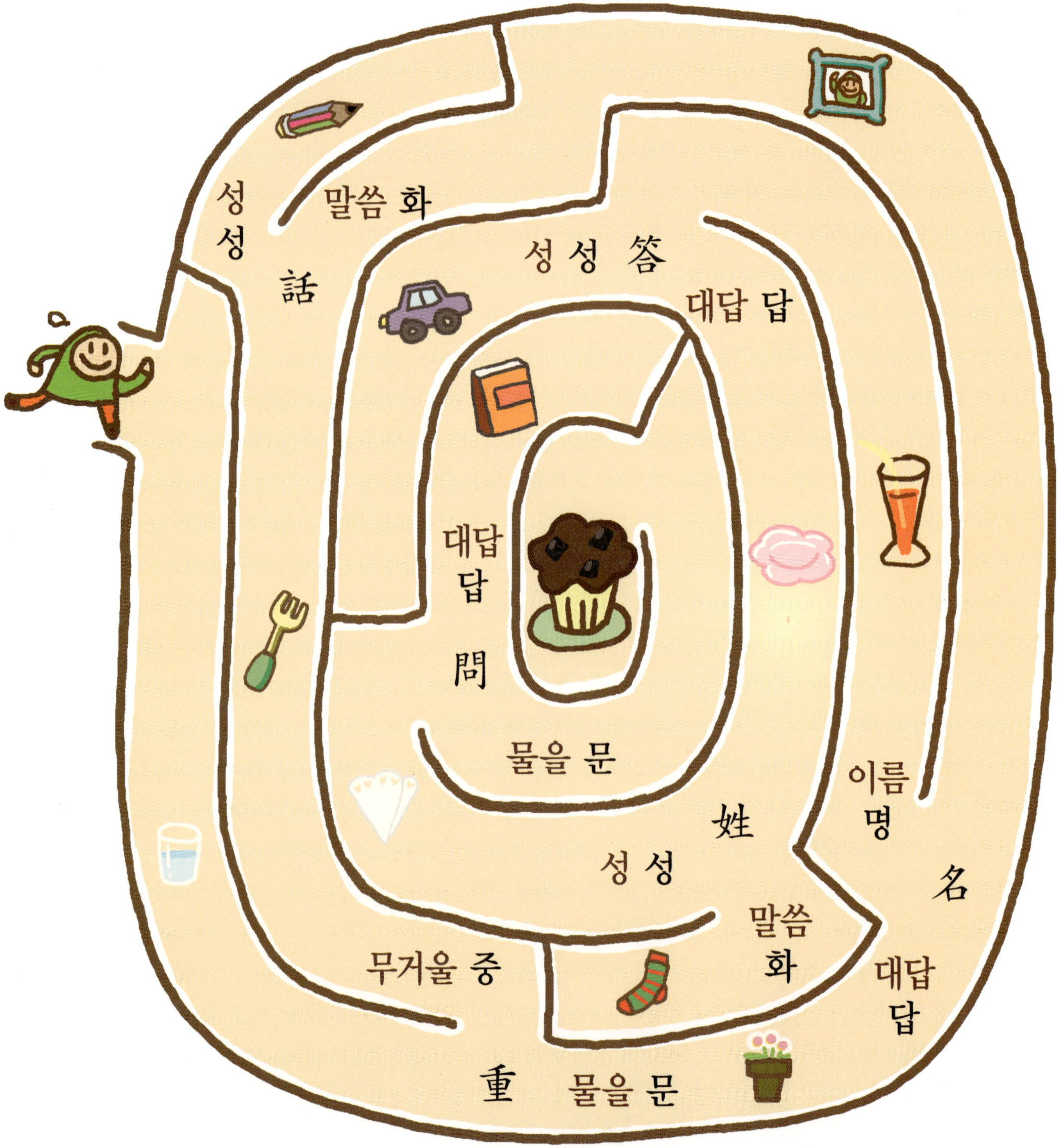

성 성

말씀 화

話

성 성 答

대답 답

대답 답

問

물을 문

이름 명

姓

성 성

名

말씀 화

무거울 중

대답 답

重

물을 문

2 다음 한자가 들어있는 단어를 찾아 ◯표를 해 보세요.

① 名

황금 ☐ 시계 ☐ 명찰 ☐

② 話

전화 ☐ 책 ☐ 장난감 ☐

3 다음 한자를 보고 알맞은 뜻과 음에 ◯표를 해 보세요.

重

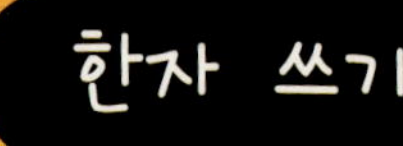

한자를 순서에 맞게 예쁘게 써보세요.

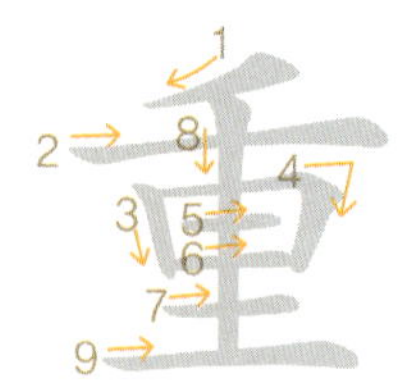

무거울 중

무거움을 뜻하며 중이라고 읽어요.
사람이 무거운 짐 보따리를 짊어지고 있는 모양을 본뜬 글자

話

말씀 화

말씀을 뜻하며 화라고 읽어요.
'혀에서 나오는 말'이라는 뜻의 글자

姓

성 성

성씨를 뜻하며 성이라고 읽어요.
낳아준 어머니의 성을 뜻하는 글자

참 잘했어요!

名

이름 명

이름을 뜻하며 명이라고 읽어요.

캄캄한 저녁에 상대방에게 나를 알리기 위해 부르는 것을 뜻하는 글자

問

물을 문

물음을 뜻하며 문이라고 읽어요.

손님이 문 사이에 입을 넣어 집 안에 사람이 있는지 묻는 모습을 본뜬 글자

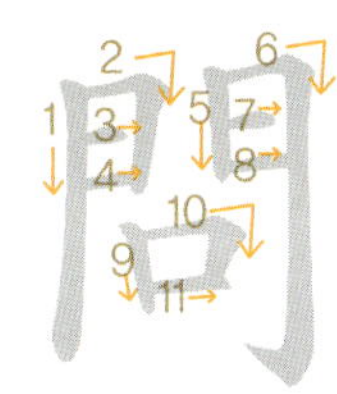

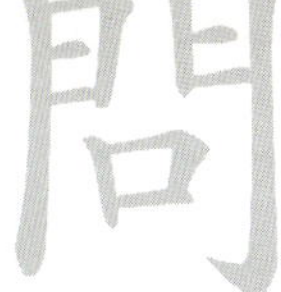

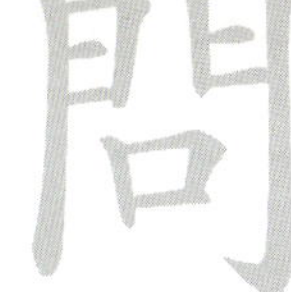

答

대답 답

대답을 뜻하며 답이라고 읽어요.

대나무를 모아서 울타리를 만든다는 뜻의 글자

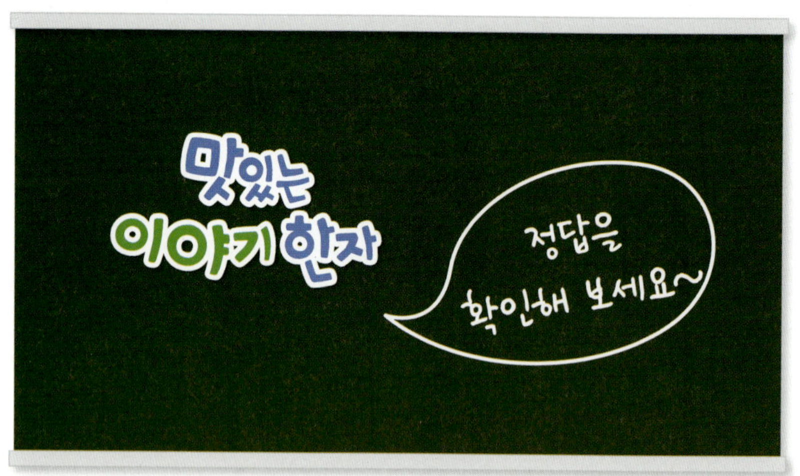

08·09쪽

한자 놀이

1 그림을 보고 알맞은 한자를 연결해 보세요.

① — 平
② — 物
③ — 植
④ — 食

2 다음 한자가 들어있는 단어를 모두 찾아 ○표를 해 보세요.

① 花: 국화 ○ / 나무 / 화분 ○

② 農: 양말 / 농부 ○ / 햄버거

3 다음 한자를 보고 알맞은 뜻과 음에 ○표를 해 보세요.

物: 물건 화 / 물건 물 ○ / 평평할 물

8 맛있는 이야기 한자 2

1과 농부 아저씨 감사합니다 9

2과 14·15쪽

한자 놀이

1 그림을 보고 숨어있는 6개의 한자를 찾아 ○표를 해 보세요.

村 主 不 方 旗 同

2 한자와 알맞은 훈음을 찾아 ○표를 해 보세요.

旗	마을 촌	村	한가지 동
깃발 기	不	깃발 기	同
方	주인 주	方	방향 방
마을 촌	主	아니 불	不

3 보기의 뜻과 음을 보고 알맞은 한자를 찾아 ○표를 해 보세요.

보기 한가지 동

① 同 ○ ② 洞 ③ 回

14 맛있는 이야기 한자 2

2과 깃발로 방향을 표시해요 15

3과 20·21쪽

한자 놀이

1 사다리를 타고 내려가 알맞은 한자 스티커를 붙여 보세요.

번개 전	때 시	살 활	저녁 석
夕	時	活	電

2 보기의 뜻과 음을 보고 알맞은 한자를 찾아 ○표를 해 보세요.

보기 사이 간

① 問 ② 聞 ③ 間 ○

3 다음 한자를 보고 알맞은 뜻과 음에 ○표를 해 보세요.

① 午: 낮 오 ○ / 사이 간 / 저녁 오

② 活: 낮 오 / 번개 전 / 살 활 ○

20 맛있는 이야기 한자 2

3과 요정아, 도와줘! 21

맛있는 2 이야기 한자 정답

4과 26·27쪽

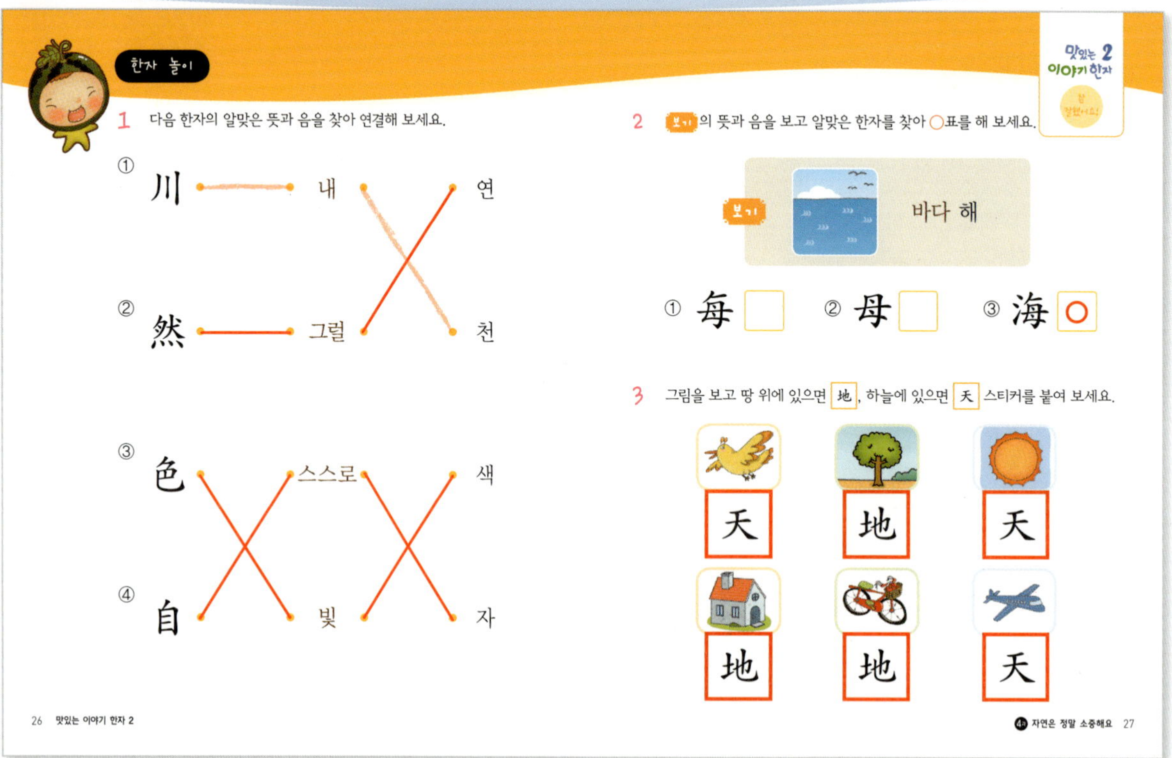

5과 34·35쪽

6과 40 · 41쪽

7과 46 · 47쪽

맛있는 2 이야기 한자

8과 52·53쪽

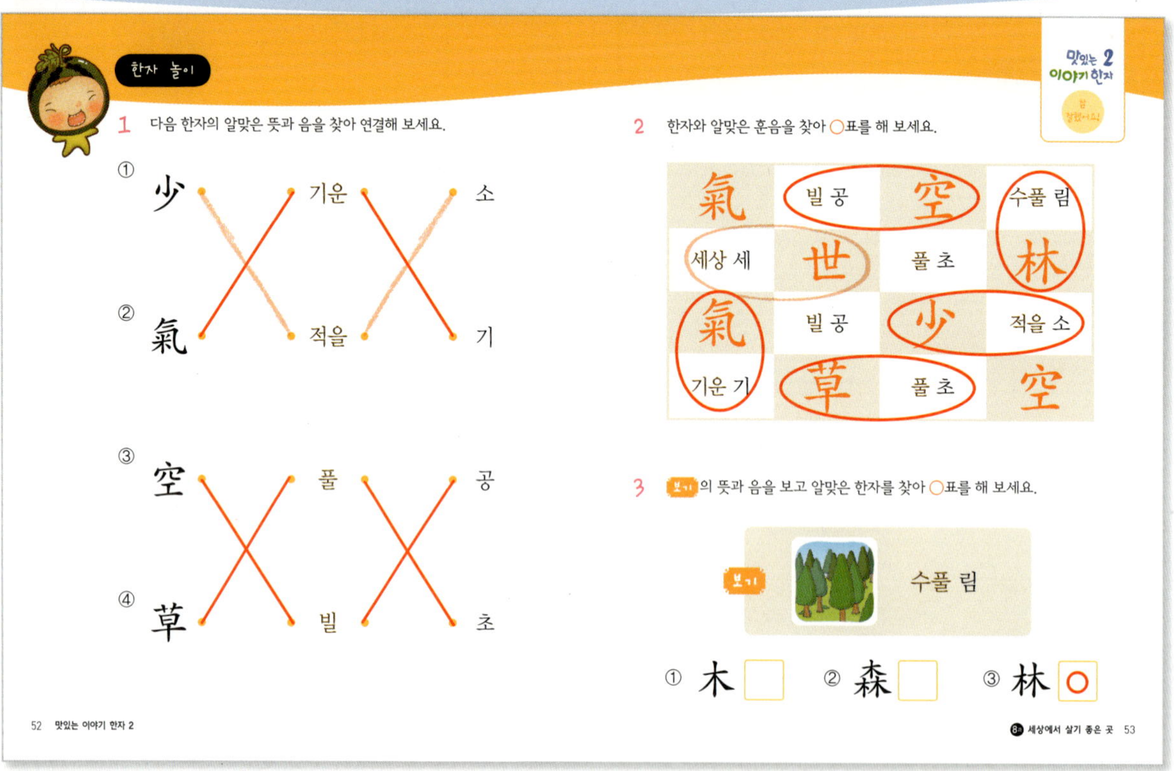

한자 놀이

1 다음 한자의 알맞은 뜻과 음을 찾아 연결해 보세요.

① 少 · 기운 · 소
② 氣 · 적을 · 기
③ 空 · 풀 · 공
④ 草 · 빌 · 초

2 한자와 알맞은 훈음을 찾아 ○표를 해 보세요.

氣	빌 공	空	수풀 림
세상 세	世	풀 초	林
氣	빌 공	少	적을 소
기운 기	草	풀 초	空

3 보기의 뜻과 음을 보고 알맞은 한자를 찾아 ○표를 해 보세요.

보기 수풀 림

① 木 ☐ ② 森 ☐ ③ 林 ○

52 맛있는 이야기 한자 2

8과 세상에서 살기 좋은 곳 53

9과 58·59쪽

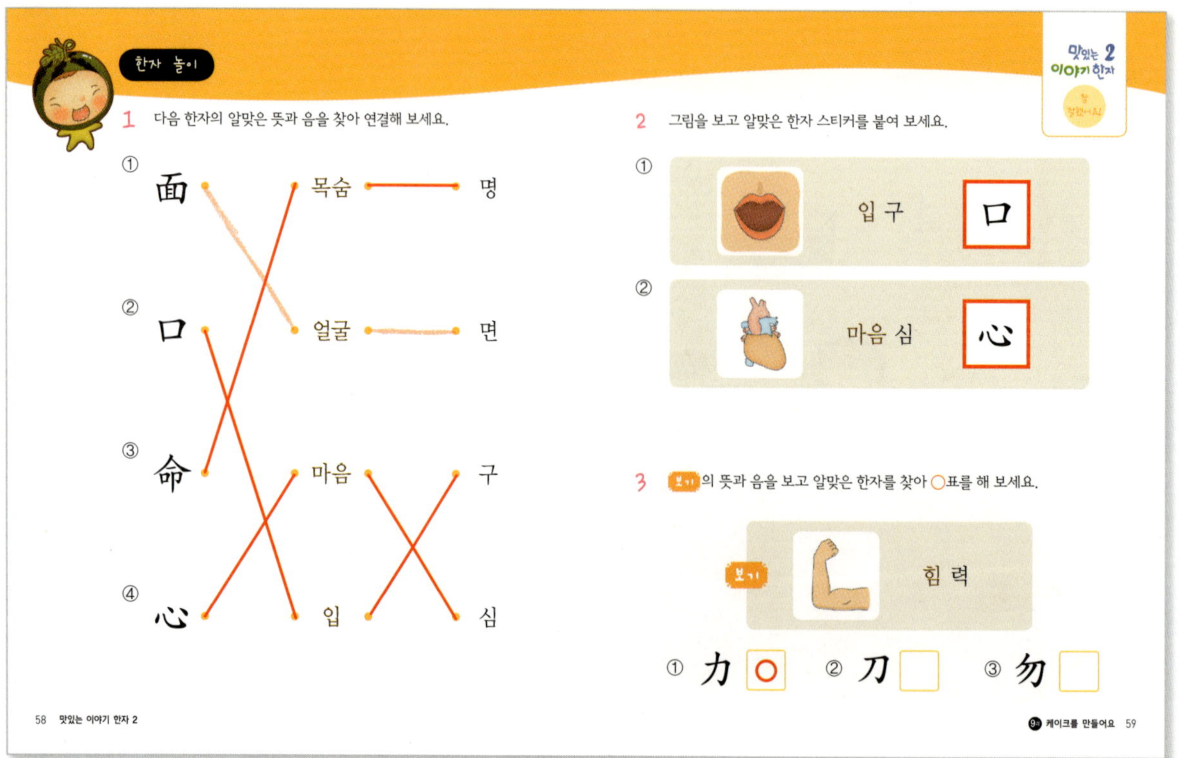

한자 놀이

1 다음 한자의 알맞은 뜻과 음을 찾아 연결해 보세요.

① 面 · 목숨 · 명
② 口 · 얼굴 · 면
③ 命 · 마음 · 구
④ 心 · 입 · 심

2 그림을 보고 알맞은 한자 스티커를 붙여 보세요.

① 입 구 口

② 마음 심 心

3 보기의 뜻과 음을 보고 알맞은 한자를 찾아 ○표를 해 보세요.

보기 힘 력

① 力 ○ ② 刀 ☐ ③ 勿 ☐

58 맛있는 이야기 한자 2

9과 케이크를 만들어요 59

10과 64·65쪽

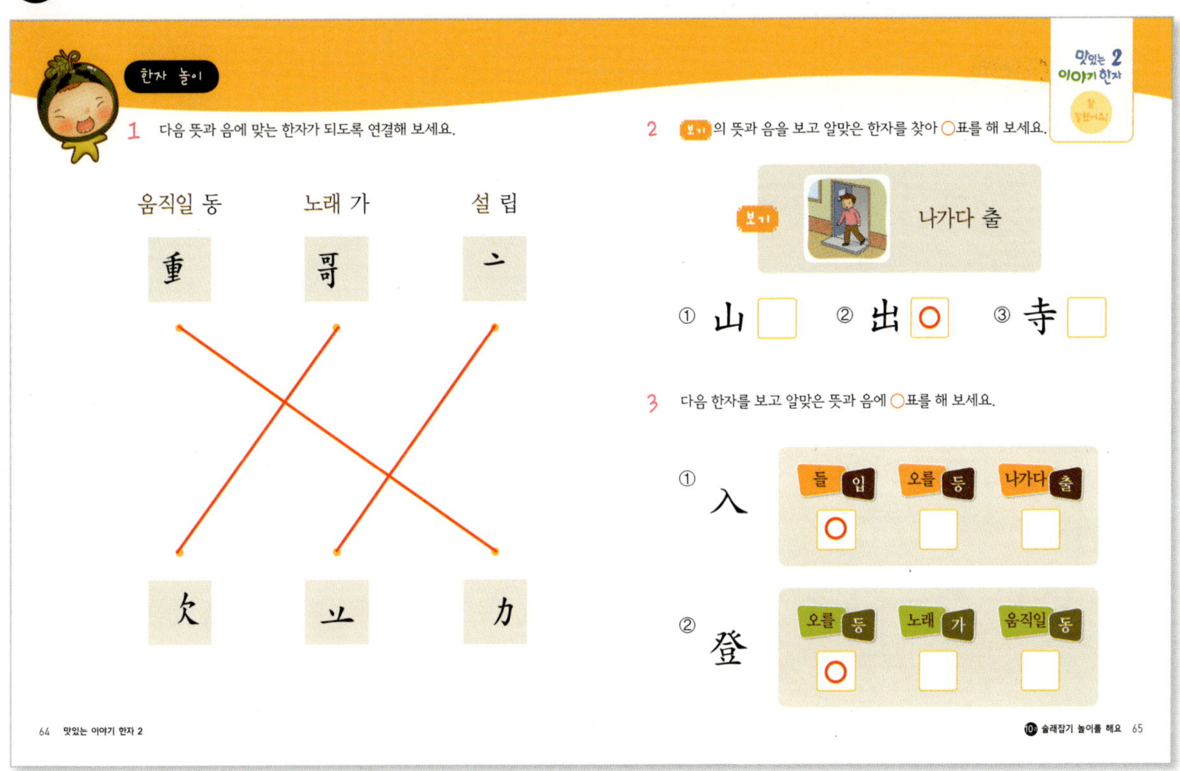

11과 70·71쪽

12과 78·79쪽

한자 놀이

1 한자의 알맞은 뜻과 음을 찾아 미로를 통과해 보세요.

2 다음 한자가 들어있는 단어를 찾아 ○표를 해 보세요.

① 名

황금	시계	명찰
		○

② 話

전화	책	장난감
○		

3 다음 한자를 보고 알맞은 뜻과 음에 ○표를 해 보세요.

重

대답 대	무거울 중	물을 문
	○	

78 맛있는 이야기 한자 2

12과 착한 젊은이 79

스티커

3과 20쪽

時 活
夕 電

4과 27쪽

天 天 天
地 地 地

6과 41쪽

冬 秋
春 夏

9과 59쪽

心
口

11과 71쪽

上 上 上
下 下 下

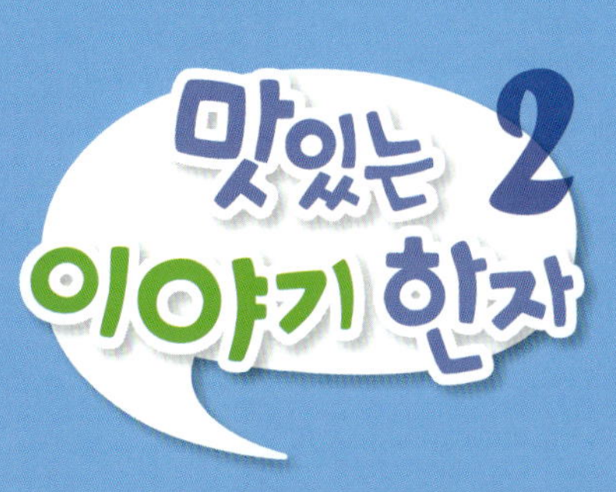

한자 카드

食

平

植

物

花

農

한자 카드 사용법

- 카드를 섞어 놓고 한장씩 뽑은 후 한자의 훈음을 말해 보세요.
- 한자 카드로 학습하면 그림과 함께 한자가 기억됩니다.

평평할
평

밥/먹을
식

물건
물

심을
식

농사
농

꽃
화

村	主
同	不
旗	方
間	時

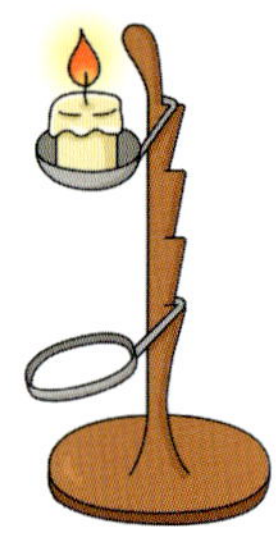

주인
주

마을
촌

아니
불

한가지
동

방향
방

깃발
기

때
시

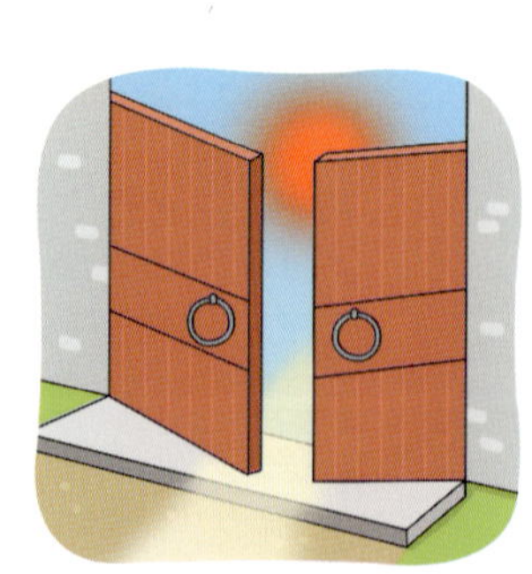

사이
간

午

夕

電

活

自

然

天

地

저녁
석

낮
오

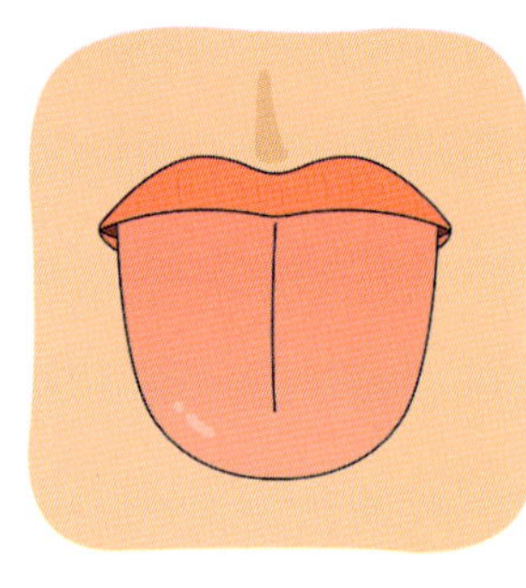

살
활

번개
전

그럴
연

스스로
자

땅
지

하늘
천

川

色

海

道

車

全

安

場

빛
색

내
천

길
도

바다
해

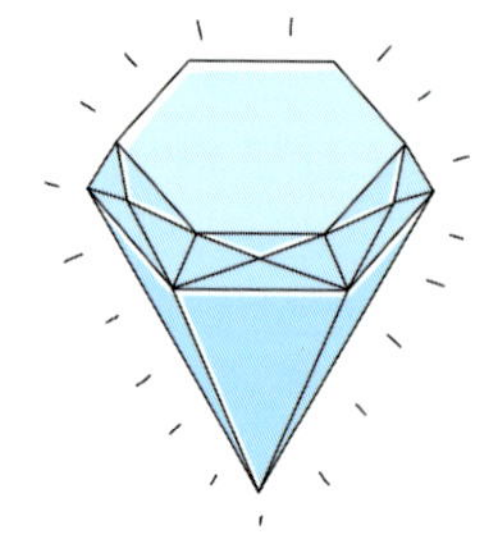

온전
전

수레
차/거

마당
장

편안할
안

工

春

夏

秋

冬

來

江

百

봄
춘

장인
공

가을
추

여름
하

올
래

겨울
동

100

일백
백

물
강

算

記

千

數

育

草

林

空

기록할

기

셀

산

셈

수

1000

일천

천

풀

초

기를

육

빌

공

수풀

림

氣 少

世 口

面 心

命 力

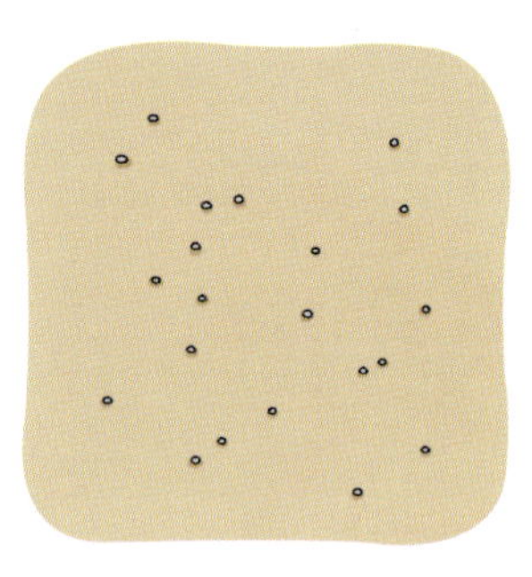

적을
소

기운
기

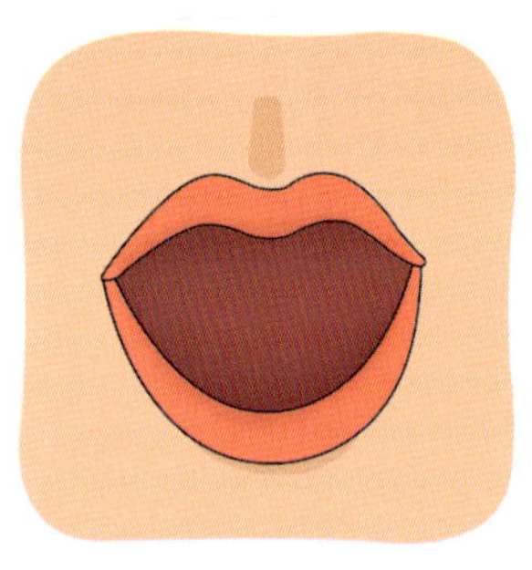

입
구

세상
세

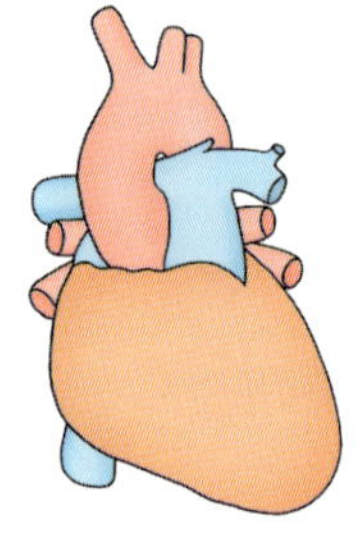

마음
심

얼굴
면

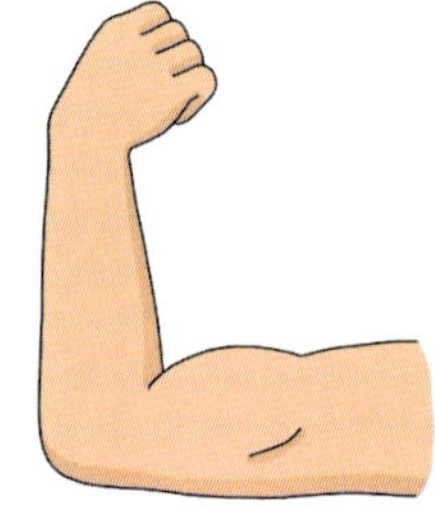

힘
력

목숨
명

動

歌

立

出

入

登

上

下

노래
가

움직일
동

나가다
출

설
립

오를
등

들
입

아래
하

위
상

左

右

前

後

内

重

話

姓

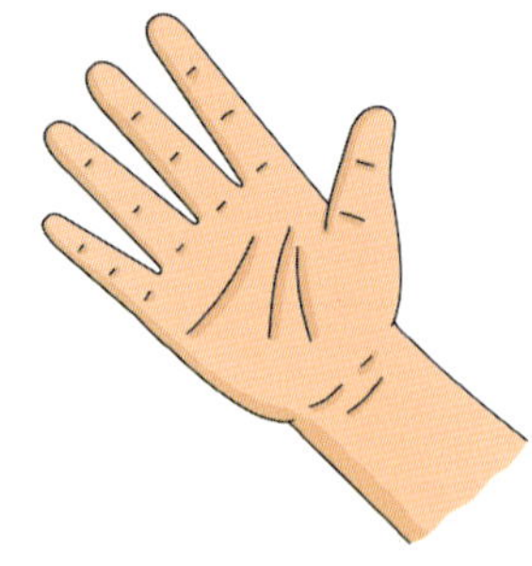

오른쪽

우

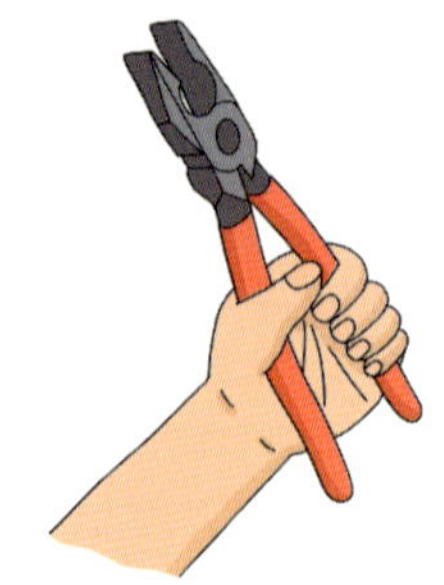

왼쪽

좌

뒤

후

앞

전

무거울

중

안

내

성

성

말씀

화

名

問

答

물을
문

이름
명

사진을 붙이세요

반

이름

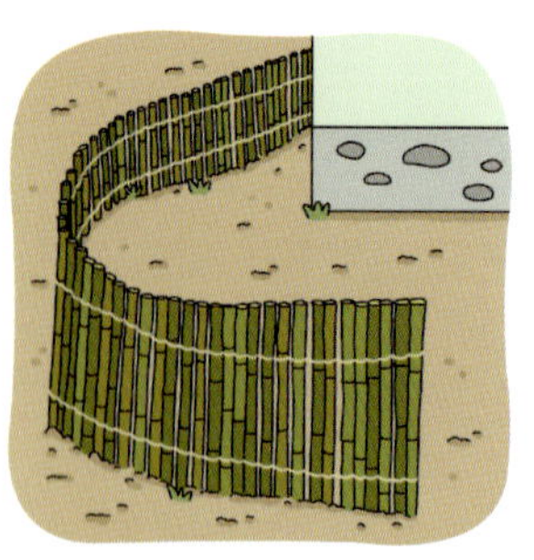

대답
답

사진을 붙이세요

반

이름

사진을 붙이세요

반

이름

사진을 붙이세요

반

이름

사진을 붙이세요

반

이름